DIE WEIHNACHTSGESCHICHTE

den Kindern erzählt

von Reinhard Abeln

mit Bildern von Astrid Leson

Verlag Butzon & Bercker Kevelaer

Elisabet und Zacharias

Vor mehr als 2000 Jahren lebte Zacharias, ein alter Priester. Seine Frau hieß Elisabet. Beide waren fromme und gute Menschen. Sie waren schon sehr alt, hatten aber keine Kinder bekommen. Darüber waren sie manchmal sehr traurig.

Eines Tages, als Zacharias im Tempel war, erschien ihm Gabriel, ein Engel Gottes. Zacharias bekam einen großen Schreck.

Der Engel aber sagte zu ihm: „Fürchte dich nicht, Zacharias! Ich bringe dir eine frohe Botschaft: Bald werdet ihr, Elisabet und du, einen Sohn bekommen. Ihr sollt ihn Johannes nennen. Er wird den Weg vorbereiten, wenn der Retter auf die Welt kommt."

Doch Zacharias glaubte nicht, was der Engel sagte. Sie waren doch schon so alt! Weil er aber nicht glaubte, sagte der Engel: „Du sollst stumm sein bis zu dem Tag, an dem in Erfüllung geht, was ich dir gesagt habe." Daraufhin konnte Zacharias nicht mehr reden.

Kurze Zeit später merkte Elisabet, dass sie ein Kind erwartete. Darüber freute sie sich sehr. Sie sagte: „Gott hat mich nicht vergessen."

Der Engel Gabriel kommt zu Maria

Nach einiger Zeit sandte Gott den Engel Gabriel auch zu Maria. Maria war eine junge Frau in Nazaret, einer kleinen Stadt in Galiläa. Sie war schon früh verlobt. Ihr Verlobter hieß Josef; er war Zimmermann.

Der Engel trat bei Maria ein und begrüßte sie. Er sprach: „Sei gegrüßt, Maria, und freue dich. Denn Gott ist mit dir!“

Maria erschrak sehr, als sie den Engel sah und als sie hörte, was er sagte.

Sie verstand nicht, was er meinte, und dachte im Stillen:
„Was hat dies zu bedeuten?“

Der Engel sprach weiter:
„Fürchte dich nicht, Maria!
Gott hat dich auserwählt.
Du sollst einen Sohn bekommen
und ihm den Namen Jesus geben.
Die Menschen werden auf ihn hören,
wenn er zu ihnen spricht.
Er wird ein König sein und sein
Reich wird kein Ende haben.“

Maria freut sich sehr

Maria war sehr verwundert über
die Worte des Engels.
Sie fragte: „Wie soll das geschehen,
dass ich einen Sohn bekomme?
Ich habe doch keinen Mann!“

Da antwortete der Engel:
„Gottes Heiliger Geist wird
über dich kommen.
Gottes Kraft wird alles in dir bewirken.
Darum wird man dein Kind auch
den Sohn Gottes nennen.“

Maria hörte still auf das,
was der Engel weiter zu ihr sprach:

„Schau, auch Elisabet, deine
Verwandte, erwartet ein Kind.
Dabei dachten alle, dass sie keine
Kinder bekommen kann. Glaub mir,
für Gott ist nichts unmöglich!“

Da sagte Maria zu dem Engel:
„Ja, ich bin zu allem bereit, was Gott
mit mir vorhat. Es soll so geschehen,
wie du gesagt hast!“

Darauf verließ sie der Engel.
Und Maria freute sich auf das Kind,
das sie bekommen sollte.
Sie wusste: Es ist Gottes Sohn.

Maria besucht Elisabet

Einige Tage später machte sich Maria
auf den Weg und ging zu Elisabet.
Elisabet war nun schon im
sechsten Monat schwanger.

Elisabet freute sich sehr,
als sie Maria kommen sah.
Sie begrüßte sie und sagte:
„Gott hat dich gesegnet, Maria!
Und auch dein Kind
wird gesegnet sein!“

Darauf sagte Maria:
„Ich freue mich über Gott.
Er ist so groß und mächtig!
Und weil er mich liebt,
hat er mich so reich beschenkt,
obwohl ich doch nur eine einfache
junge Frau bin!“

Maria blieb etwa drei Monate
bei Elisabet. Dann kehrte sie
wieder nach Hause zurück.

Die Geburt des Johannes

Bald brachte Elisabet
einen Sohn zur Welt.
Die Verwandten und Nachbarn wollten,
dass das Kind den Namen seines
Vaters bekommen sollte: Zacharias.
Denn so war es üblich.

Aber Elisabet widersprach ihnen:
„Wir werden ihn Johannes nennen!"
So hatte es der Engel gesagt.

Dieser Name gefiel den anderen nicht.
Deshalb fragten sie Zacharias:
„Wie soll dein Kind heißen?"
Zacharias war noch immer stumm.
Deshalb ließ er sich eine kleine Tafel
geben, auf die er schrieb:

„Sein Name ist Johannes."
Johannes bedeutet: „Gott ist gnädig."

Von diesem Augenblick an konnte
Zacharias wieder sprechen. Und er
begann, Gott zu loben und zu preisen.
Alle, die das hörten, staunten,
denn es waren wunderbare
Dinge geschehen.

Zacharias betete wie ein Prophet:
„Gelobt sei Gott!
Denn er schenkt uns einen Retter,
der uns den Frieden bringt.
Und du, mein Kind,
wirst vor ihm hergehen
und ihm die Wege bereiten."

Jesus wird geboren

Eines Tages wollte Kaiser Augustus wissen, wie viele Leute in seinem Reich wohnten.
So befahl er: „Alle Menschen müssen gezählt und aufgeschrieben werden."

Jeder musste sich also in dem Ort melden, in dem er geboren war. Dort wurde sein Name in eine Liste eingetragen.

Auch Josef machte sich auf den Weg.
Er zog von Nazaret nach Betlehem, in die Stadt des Königs David, denn von dort stammte er.
Maria ging mit ihm. Der Fußmarsch fiel ihr nicht leicht, weil sie bald ihr Kind erwartete.
Der Weg war sehr weit.

Als Maria und Josef in Betlehem ankamen, waren schon viele Menschen dort.
Die Herberge aber war viel zu klein und konnte nicht alle aufnehmen.

Auch für Maria und Josef gab es keinen Platz mehr.
Lange suchten sie, doch nirgends konnten sie übernachten.
Schließlich fanden sie einen Stall, in dem sie bleiben konnten.

Dort kam der kleine Jesus zur Welt.
Maria wickelte ihn in Windeln und legte ihn in eine Futterkrippe, die eigentlich für die Tiere bestimmt war.

Engel erscheinen den Hirten

In der Nähe des Stalles waren einige Hirten. Sie verbrachten die Nacht im Freien auf dem Feld, um auf ihre Schafe aufzupassen.

Plötzlich wurde es ganz hell – und das mitten in der Nacht! Da stand ein Engel Gottes vor den Hirten. Die Männer bekamen große Angst.

Der Engel aber sprach: „Fürchtet euch nicht, denn ich bringe euch eine gute Nachricht. Das ganze Volk wird sich darüber freuen! Heute ist in Betlehem der Retter geboren. Geht und sucht ihn! Ihr werdet ein Kind in einem Stall finden. Es ist in Windeln gewickelt und liegt in einer Krippe."

Und auf einmal waren noch viele andere Engel da. Sie lobten Gott und sagten: „Ehre sei Gott im Himmel, und auf Erden soll Friede unter den Menschen sein! Denn Gott hat sie lieb!"

Daraufhin verschwanden die Engel wieder. Sofort machten sich die Hirten auf den Weg. Und sie fanden Maria, Josef und das neugeborene Kind, das in der Krippe lag. Voller Freude dankten sie Gott und erzählten allen, was sie gesehen und erlebt hatten.

Ein Stern führt weise Männer zu Jesus

Bald nachdem Jesus geboren war, kamen von weit her weise Männer nach Jerusalem.
Sie waren Sterndeuter.

Die Männer fragten die Bewohner der großen Stadt: „Wo ist der neugeborene König der Juden? Wir haben seinen Stern aufgehen sehen und sind gekommen, um ihn anzubeten."

Als die Leute von Jerusalem das hörten, erschraken sie sehr. Besonders Herodes, der König von Jerusalem, erschrak.
Er rief alle Hohenpriester und Schriftgelehrten des Volkes zu sich und fragte: „Wisst ihr, wo dieser neue König geboren ist?"

Die Hohenpriester und Schriftgelehrten wussten es.
Sie sagten: „In Betlehem ist er geboren. So haben es schon die Propheten geschrieben."

Da schickte Herodes die Weisen nach Betlehem. Er sagte ihnen:
„Geht und sucht das Kind!
Wenn ihr es gefunden habt, kommt wieder zu mir!
Lasst mich wissen, wo es ist!
Dann kann auch ich hingehen und das Kind begrüßen und anbeten."

Die Weisen beschenken Jesus

Also machten sich die Weisen
auf den Weg nach Betlehem.
Der Stern, den sie entdeckt hatten,
zog am Himmel vor ihnen her.
Sie freuten sich, denn er
zeigte ihnen den Weg.
Dort, wo das Kind war,
blieb der Stern stehen.
Genau über dem Stall.

Die Weisen gingen in den Stall hinein.
Sie sahen Maria, Josef und das
Jesuskind. Der Anblick des kleinen
Kindes machte sie sehr glücklich.
Sie knieten sich vor ihm hin,
beteten es an und schenkten ihm,
was sie mitgebracht hatten:
Gold, Weihrauch und Myrre.
Myrre ist eine sehr wertvolle Salbe
aus duftenden Kräutern.

In der Nacht träumten die Sterndeuter,
dass es nicht gut sei,
zu König Herodes zurückzukehren.
Deshalb gingen sie auf einem anderen
Weg in ihre Heimat zurück.

Die Flucht nach Ägypten

Als die Sterndeuter wieder abgereist waren, erschien Josef im Traum ein Engel des Herrn.
Er sagte zu ihm: „Schnell, Josef! Zieh mit Maria und dem Kind nach Ägypten! Denn König Herodes will das Kind töten.
Ich werde dir sagen, wann du wieder zurückkehren kannst!"

Und noch in derselben Nacht floh Josef mit Maria und dem kleinen Jesus nach Ägypten.

Als König Herodes merkte, dass die Weisen nicht zu ihm zurückkehrten, wurde er wütend.
Er befahl: „In der ganzen Gegend von Betlehem sollen alle Kinder getötet werden, die noch nicht zwei Jahre alt sind."

Später, als Herodes gestorben war, brauchten Josef und Maria keine Angst mehr zu haben. Sie kehrten mit Jesus aus Ägypten zurück und kamen wieder nach Nazaret. Dort wohnten sie.

Jesus wird in den Tempel gebracht

Wie alle Juden brachten auch Josef und Maria ihren Sohn bald zum Tempel nach Jerusalem.
Sie dankten Gott für das Kind, das ihnen geschenkt wurde.

Im Tempel trafen sie Simeon.
Simeon war ein guter und frommer alter Mann.
Er nahm das Kind in seine Arme und rief voll Freude:
„Jetzt kann ich in Frieden sterben. Denn ich habe mit meinen eigenen Augen den Heiland gesehen."
Dann gab Simeon Maria und Josef seinen Segen.

Im Tempel war auch eine Prophetin.
Sie hieß Hanna und war schon über 80 Jahre alt.
Als junges Mädchen hatte sie geheiratet und war nun seit vielen Jahren Witwe.
Sie hielt sich jeden Tag im Tempel auf, um zu beten.
Als sie Jesus sah, dankte sie Gott.
Denn auch sie wusste, dass dieses kleine Kind der Welt die Rettung bringen würde.

Dann verließen Maria und Josef mit ihrem Kind den Tempel und kehrten in ihre Heimatstadt Nazaret zurück.

Die Weihnachtsgeschichte im Neuen Testament

Elisabet und Zacharias
Lukas 1,5–25

Der Engel Gabriel kommt zu Maria
Lukas 1,26–33

Maria freut sich sehr
Lukas 1,34–38

Maria besucht Elisabet
Lukas 1,39–56

Die Geburt des Johannes
Lukas 1,57–80

Jesus wird geboren
Lukas 2,1–7; Matthäus 1,18–25

Engel erscheinen den Hirten
Lukas 2,8–20

Ein Stern führt weise Männer zu Jesus
Matthäus 2,1–8

Die Weisen beschenken Jesus
Matthäus 2,9–12

Die Flucht nach Ägypten
Matthäus 2,13–23

Jesus wird in den Tempel gebracht
Lukas 2,21–40

Bibliografische Information Der Deutschen Bibliothek

Die Deutsche Bibliothek verzeichnet diese Publikation in der Deutschen Nationalbibliografie; detaillierte bibliografische Daten sind im Internet über http://dnb.ddb.de abrufbar.

Das Gesamtprogramm von Butzon & Bercker finden Sie im Internet unter www.bube.de

ISBN 3-7666-0521-6

Umschlaggestaltung: Astrid Leson, Münster
Gesamtherstellung: Benatzky Druck & Medien, Hannover